Bernhard Čarre

Unser liebes Rindvieh

D1731633

Am Anfang war die Kuh -
ihr folgte die Ku(h)ltur.
Seit jedoch der Mensch die Kuh
anbindet,
ist er selber angebunden,
denn eine Kuh macht: "Muh" -
viele Kühe machen Mühe!

UNSER LIEBES RINDVIEH

Satier**ische Rinderhaltung
von Bernhard Čarre**

mit 70 Abbildungen
nach Originalzeichnungen des Verfassers

HUGO H. HITSCHMANN-VERLAG, WIEN

©Hugo H. Hitschmann-Verlag, Wien 1992
Alle Rechte vorbehalten, insbesondere die des Nachdruckes,
Vervielfältigungen, Übersetzungen, Mikroverfilmungen und die
Einspeicherung und Verarbeitung in elektronischen Systemen.
Herstellung: Landesverlag Linz
Printed in Austria 1992 – ISBN 3-7039-0007-5

DER AUTOR ÜBER SICH UND SEIN BUCH

Ich wurde 1963 in Klagenfurt geboren und begann schon mit drei Jahren "Männchen" zu zeichnen - etwas was mir bis zum heutigen Tag geblieben ist. Meine Mutter ermahnte mich immer wieder, mich endlich ernsteren Dingen zuwenden. Nun, das habe ich schließlich auch gemacht. Ich studierte Landwirtschaft an der Universität für Bodenkultur und arbeite seit 1987 als Berater in der Landwirtschaftskammer Kärnten. Seit 1991 bin ich auch Geschäftsführer der Kärntner Agrarmarketinggesellschaft. (Manche Leute nehmen mich auch durchaus ernst.) Parallel dazu habe ich mein Hobby zu einer gut gehenden Ideenwerkstatt ausgebaut. 1988 wurde mir für einige Zeichnungen aus dem vorliegenden Buch, in Zusammenhang mit einem Artikel, der österreichische Fachpressepreis verliehen. Immer wieder drängt es mich das, was um mich herum geschieht, in Form von witzigen Zeichnungen darzustellen und die Leute nicht nur zum Schmunzeln, sondern auch zum Nachdenken anzuregen. Daß damit auch immer ein gewisses Maß an Lust und Spaß verbunden ist, gehört zur Natur der Sache.

Die Karikatur und die Satire lebt von der phantasievollen Übertreibung und Verfremdung der Wirklichkeit bis ins Absurde. Die Karikatur sprengt alle Grenzen und Normen und ist der Ersatz für das verlorengegangene Hofnarrentum früherer Zeiten. Wenn sie auch übertreibt, besitzt sie doch meist ein Körnchen Wahrheit.

Das Besondere am vorliegenden Buch ist das Thema und die Tatsache, daß ein fachlich vorbelasteter Mensch wie ich auch noch das Talent hat zu zeichnen. Nach "So ein Schweineleben" ist dies ein weiterer Versuch Tierzucht und Tierhaltung humoristisch und ein bißchen philosophisch darzustellen. Da diese beiden Karikaturenbände über das Schwein und das Rind eine bisher einzigartige Sache sind, kann ich dem HIV für seinen Mut und seine Unterstützung nur danken.

Spittal, am 2. November 1991   *Bernhard Čarre*

Vom Ur zum Hausrind
und vom Nomaden zum seßhaften Bauern

Der stolze **Ur** (Bos primigenius) war in den
mitteleuropäischen **Ur**-wäldern beheimatet. Er ist der
ursprünglichste und **ur**älteste **Ur**-ahn der heute
noch lebenden Rinder. Mit seinem Aussterben ver-
stummte der "Urschrei" für immer aus unseren
Wäldern.

Der Ur

Die ersten Rinderhalter waren Nomaden. Das
Besondere an den Nomaden war, daß diese
den Rinderherden nachzogen und nicht umgekehrt.
Der Mensch war am Anfang kein "Kuhtreiber",
er folgte den Rindern und tat so, als ob die Rinder,
denen er nachlief, die Seinen wären.

Am Anfang der Steinzeit war das Nomadentum . . .

Erst später kam das seßhafte Bauerntum. Der Mensch baute einen Stall, band die Kuh an und brachte ihr das Futter zum Trog. In der Folge entstand der Misthaufen. Es gibt ihn seit Beginn unserer Zivilisation und er ist nicht nur ein "Kulturdenkmal", sondern er war auch ein Symbol für wirtschaftlichen Reichtum. Noch bis vor wenigen Jahrzehnten wurde großer Wert darauf gelegt, daß ein großer Misthaufen bei Gehöften weithin sichtbar war, denn es galt: je größer der Misthaufen, umso größer und reicher der Bauer!

. . . am Ende der Steinzeit war der Misthaufen - ein Kulturdenkmal!

Kühe waren heilig, wie sie es an manchen Orten
heute noch sind. Unsere Vorfahren sahen in der "Kuh"
vermutlich eine Art "Ur-mutter", die sie verehrten
und anbeteten. Die Kuh erfüllte wohl in der Vorstellung
der Steinzeitmenschen alle Ansprüche, die sie auch
an ein Götterbild stellten. Die ersten Kühe wurden
somit nicht aus praktischen Gründen gehalten,
sondern aus religiösen Motiven.

Die Kuh als verehrte und angebetete "Urmutter" . . .

Daß Kühe auch Milch geben, wurde erst
viel später entdeckt!

. . . und als "Nutztier".

Die ersten Melkversuche

Bereits bei den alten Sumerern, vor mehr als 5000 Jahren, war die Technik des Melkens bekannt. Bildliche Darstellungen weisen allerdings darauf hin, daß damals die Kühe noch von hinten gemolken wurden. Weil diese Methode aber so ihre Tücken hatte, stellte sich Melker samt Melkschemel bald neben die Kuh.

Kleine Rassenkunde

Eine kleine Auswahl von Rinderrassen mit besonderer
Berücksichtigung der heimischen Rassen

Das **Fleckvieh** ist die auf der ganzen Welt am weitesten
verbreitete Rasse. Der Name "Fleckvieh" rührt
nicht daher, daß diese Rinder sich nicht vom Fleck
bewegen: sie werden vielmehr auf Grund ihrer
Farbzeichnung so bezeichnet - wenngleich das Fleckvieh nicht gefleckt, sondern gescheckt ist, wie
Kenner bemerken. Der Ausdruck "Scheckvieh" jedoch
konnte sich bislang allerdings nicht durchsetzen -
dieser kommt wohl doch nur in der Fachsprache von
Kreditinstituten vor!

Fleckvieh

Das **Braunvieh** ist eine milchbetonte Rasse. Es bringt - neben akrobatischen Spitzenleistungen bei der Alpung im Gebirge - nicht nur hohe Milcherträge, sondern lockt vor allem durch seinen austroalpinen Gebirgscharme Touristen und Devisen ins Land.

Braunvieh

Die Heimat des **Pinzgauers** ist der Großglockner.
Das Pinzgauer-Rind zeichnet sich daher besonders
durch alpine Geländegängigkeit aus. Obwohl
sein Ruf unbeschwert von den Almen erschallt und sich
in den steilen Felsenwänden bricht, ist sein Ruf mit
einem Gebirgsjodler so gut wie nicht zu verwechseln.

Pinzgauer

Als "Kühe in Halbtrauer" werden die **Schwarzbunten,** eine Variation der Holstein-Friesian-Rasse, bezeichnet. Sie sind milchbetont und leistungsintensiv, reagieren auf "Milchsee- und Butterbergdebatten" eher zurückhaltend, nicht aber beim Hergeben der Milch.

Schwarzbunte

Das **Grauvieh** war schon immer grau, wenngleich dies vielerorts aus Unkenntnis als eine Alterserscheinung gedeutet wird. Anderen Gerüchten zufolge soll sich das Ergrauen des Haarkleides erst seit dem Verfall der Zuchtorganisation und der voranschreitenden Abnahme der Bestände bemerkbar gemacht haben.

Grauvieh

Das **Jersey-Rind** gehört wohl zu den lieblichsten Rinderrassen von allen. Es ist nicht viel größer als ein Reh und seine Augen sind groß und treuherzig. Die alten Griechen bezeichneten ihre Göttermutter Hera als "kuhäugig". Wer die Augen des Jersey-Rindes kennt, wird verstehen, warum die Bezeichnung "kuhäugig" bei den alten Griechen keine Beleidigung war.

Jersey

Zwei uralte deutsche Landschläge sind das **Vor-
derwälder-** und das **Hinterwälderrind**. - Die Züchter
dieser Rassen wehren sich nicht nur gegen die
unaufhaltsame Verdrängung dieser Rassen, sondern
auch dagegen, daß man vom Namen auf die
Züchtergesinnung schließt.

Vorderwälder

Hinterwälder

Ein in Frankreich recht häufig anzutreffendes
"Muskelrind" ist die Rasse **Limousin**. Wer eine solches
Rind zur Fortbewegung verwendet, ohne es zu
brauchen, kann es im wahrsten Sinne des Wortes als
"Luxuslimousine" bezeichnen.

Limousin

So manche Dame wäre von der üppigen Muskelpracht der **Blau-weißen Belgier** angetan, einer Rinderrasse, die großrahmig und stark bemuskelt ist; der Blick, die Gestik und das Muskelspiel stellen bei genauerer Betrachtung jeden Bodybuilder in den Schatten.

Blauweißer Belgier

Es gibt bekanntlich **Einnutzungsrassen** und **Zweinutzungsrassen**. Eine Kuh, die nur viel Milch gibt, ist nicht immer gefragt. Manche wollen eine Kuh mehrfach nutzen. So auch der amerikanische Halterbub, sprich *cowboy,* der den Schwanz seiner Lieblingskuh zur Verwirklichung einer Genußrasur verwendet.

Mehrnutzungsrassen

Je nach Phantasie und Einfallsreichtum gibt es aber auch noch andere Nutzungsmöglichkeiten.

Früher lieferte das Rind nicht nur Milch und Fleisch,
sondern war auch ein wichtiges Transportmittel.

Ochsengespann

Heute kann man allerdings beim Einsatz einer Kuh als
Zugtier leicht Schwierigkeiten bekommen.

Zugtiere

Über das Wesen des Rindes

Das Rind tritt uns nicht in einfältiger, sondern in vielfältiger Erscheinung entgegen: als Stier - mit strotzender Kraft und Männlichkeit, als Kuh - behäbig und mütterlich und als Ochse - mit beschränkter Gutmütigkeit.

Der Stier . . .

die Kuh, . . .

und die dümmste Art und Weise ein Rindvieh zu sein: der Ochse !

Während die Urformen unseres Hausrindes noch
voller Temperament waren, sind unsere heutigen Kühe
eher gemütlich und behäbig.

Trotzdem, der erste Weidegang nach dem langen Winter veranlaßt so manche Jungkuh zu vielfach unüberlegten "Bocksprüngen", die mitunter auch den Bauer in Bewegung bringen können.

Daß Kühe musikalisch sind ist längst bewiesen. Manche Betriebsführer behaupten sogar, daß man durch musikalische Untermalung die Milchleistung beachtlich steigern kann und schwören auf Musik im Stall und auf der Weide.

Musikalität . . .

Wie weit ihr Bewegungsdrang, selbst der besonders musikalisch begabten Tiere, modernem Tanz enspricht, vermag schwer beurteilt werden.

. . . und Bewegungsfreude.

Als Herdentiere besitzen Rinder ein ausgeprägtes Grußverhalten. Sie nehmen Geruchskontakt auf und senken deutlich den Kopf. Auch mit Menschen wird üblicherweise so verkehrt.

Grußverhalten . . .

Als Zeichen besonderer Freundschaft und
Zuneigung gelten Körperkontakt und rauhzungige
Freundschaftsbeweise.

. . . und Freundschaftsbeweis

Das Freßverhalten der Rinder ist recht unterschiedlich. Manche Tiere treten auf der Weide alles zusammen, andere wieder übertreffen in ihrer Gründlichkeit und Sorgfalt so manchen Hobbygärtner beim Rasenmähen.

Freßverhalten

Nichts kann so sehr den bescheidenen Charakter einer
normalen Dorfkuh verderben als eine
Preisauszeichnung auf einer Leistungsschau. Der Stolz
auf preisgekrönte Euterviertel bringt so manche
Kuh in den Verruf arroganter "Hochflotzmauligkeit" ,
um nicht Hochnäsigkeit sagen zu müssen.

Zur Schau gestellte Eitelkeit

Aus dem Leben unseres Rindviehs

Als Wiederkäuer sind Rinder in erster Linie mit
Fressen und Wiederkauen beschäftigt, zwischendurch
jedoch, alle drei Wochen einmal, verlangt es der
Kuh nach Liebe.

Die Sehnsucht nach dem Stier.

Die Rinder lieben sich am liebsten draußen in der Natur. Man spricht daher in der Fachsprache nicht zu unrecht vom "Natursprung", jenem imposanten Schauspiel, bei dem sich Stier und Kuh mit Zärtlichkeit begegnen.

Gefunden

Was geht heute noch ohne Technik? - Um die Leistungen von Spitzenvererbern so schnell wie möglich unter die Kühe zu bringen, ist es mitunter notwendig die Paarung durch kleine technisches Accessoires zu unterstützen.

Sprung-Technik

Heutzutage wird der Großteil der Kühe künstlich besamt. Natürlich werden nur die besten Stiere dazu angeregt mit einer sogenannten "Phantomkuh" zwischentierische Beziehungen zu knüpfen. Die mangelnde Gegenliebe treibt sie aber nicht selten zur Resignation.

Samengewinnung . . .

Die Samengewinnung ist für den Stier
entwürdigend, aus Gutmütigkeit erfüllt er meist
aber doch seine Pflicht.

Der gewonnene Samen wird verdünnt und tiefgefroren.
So reicht er für viele und ist unbegrenzt haltbar.
Tierärzte und Besamungstechniker schwärmen damit
aus und vollziehen, was die Natur natürlich nicht
so gut kann.

So wichtig der Weidegang auch ist, es ist nicht zu
empfehlen einer Kuh zu nahe zu treten.
Denn das Gewicht einer ausgewachsenen Kuh beträgt
gute siebenhundert Kilo, welches, verteilt auf
vier Beine, hundertfünfundsiebzig Kilo pro große Zehe
ergibt, wenn einem die Kuh auf den Fuß steigt.

Gefahren beim Austreiben . . .

Es gibt verschiedene Möglichkeiten eine Kuh von der Weide zu treiben. Die Anwendung von roher Gewalt ist aber sicher die denkbar schlechteste!

. . . und beim Heimtreiben.

Eine gute Methode ist hingegen, seine Rinder einfach an der Nase herum zu führen. Manche Tiere hängen förmlich an ihrem Besitzer.

Freßverhalten . . .

Bei den meisten Rindern wird die Wißbegierde
von der Freßbegierde bei weitem übertroffen.
Es empfiehlt sich daher, einer Kuh nicht unbedingt mit
allzuviel theoretischem Wissen entgegenzutreten.

Falsche Fütterung, wie zum Beispiel Kaugummi
statt Gras und Heu, kann zu unangenehmen Blähungen
bei den Kühen führen.

. . . und Fütterung.

Besonderes Augenmerk ist dem Eiweiß- und Energie-
gehalt im Futter zu legen: Kalorienbomben können,
so wie in der menschlichen Ernährung, zu unliebsamen
Überraschungen führen.

Rinder sind bekanntlich Lauftiere. Wer dies nicht glaubt, wird dies spätestens dann bestätigt finden, wenn er eine Jungkuh auf der Weide einfangen muß.

Das Rind – ein Lauftier

Als Lauftiere brauchen Rinder natürlich auch in der Stallhaltung viel Bewegung. So erscheint derzeit der Laufstall als die tiergerechteste Haltungsform für unsere Rinder, wenngleich die Meinungen darüber wie ein solcher Stall aussehen soll, beängstigend verschieden sind.

Der Laufstall

Das Gehörn dient nicht nur als Kopfschmuck, sondern auch zur Verteidigung. Um sowohl Mensch als auch Tier vor Verletzungen zu schützen, ist man genötigt zur sogenannten "Enthornung" zu schreiten. Diese kann, wenn sie ohne entsprechende Fachkenntnisse durchgeführt wird, nicht ganz ungefährlich sein kann.

Enthornung

Im Winter gehören wöchentliches Striegeln und regelmäßige Klauenpflege zu den wichtigsten Fixpunkten in der Betreuung. Besonders wichtig ist aber diese Prozedur vor einer Leistungsschau.

Klauenpflege

Es gibt natürlich viele Möglichkeiten, um die Kühe
mit Wasser zu versorgen. Jedoch sowohl die
altbewährte "Eimertränke" als auch die "automatischen
Selbsttränker" haben ihre Tücken.

Vom Trinken . . .

. . . und Tränken.

Rinder sind Säugetiere, und daher ist es selbst-
verständlich, daß Kälber von ihren Müttern
auch "gestillt" werden können. Wenn dabei die
Lebensmittelvorschriften allzu tierisch ernst
genommen werden, kann es durchaus zu Meinungs-
verschiedenheiten kommen.

Vom Säugen . . .

Zu den größten Errungenschaften der Melktechnik gehört die Erfindung der Melkmaschine. Diese technisch in ordnungsgemäßen Zustand zu halten, schützt vor unangenehmen Überraschungen.

... und Melken.

Übertriebene Anforderungen an die Leistung führen,
ähnlich wie beim Sport, nicht immer zu eben-
mäßigen Proportionen. Das stört aber nicht besonders,
wenn sich dadurch ungeahnte Verkaufschancen
ergeben.

Über Milchhöchstleistungen . . .

Die beste Milchkuh der Welt könnte zwar einhunderttausend Liter Milch im Jahr geben, aber sie muß schnell gemolken werden, weil sie nur drei Monate lebt. Und auch sonst könnten unlösbare Schwierigkeiten auftreten.

. . . und andere Spitzenleistungen in der Rinderzucht

Auch Kühe fürchten sich vor Schwergeburten.
Um das Kälbern leichter zu machen, zeichnen sich
bereits neue Perspektiven ab.

Über das Kälbern

Viele Jahre lang gibt die Kuh dem Menschen täglich ihre Milch. - Geht die Leistung zurück, wird kurzer Prozeß gemacht.

Perspektiven für die Zukunft?

Aus der Sicht des Rindes . . .

. . . und aus der Sicht der Züchter.

Um im internationalen Wettbewerb bestehen zu können, sind neue Ideen gefragt. Eine gute Lösung ist die "Turbokuh", die man nur entsprechend ankurbeln muß, um sie auf Hochtouren zu bringen.

Aus der Sicht der Massentierhalter ...

Daß so manche "Turbokuh" zusammenklappt
liegt in der Natur der Sache. Auch Rennautos sind
reparaturanfälliger als gewöhnliche Autos.

"Nadelpolster"

Als besonders interessante Zukunfts-
projekte gelten die Bioenergie-Erzeugung
und das Perpetuum mobile.

Aus der Sicht der Ingenieure . . .

Das modernste Verfahren in der Rinderzucht ist der Embryotransfer. Durch
gezielte Hormonbehandlungen können
von züchterisch wertvollen "Spender-
kühen" eine Vielzahl von Eizellen gewonnen
werden. Diese Eizellen werden im Reagenz-
glas befruchtet und als Embryonen in sogenannte
"Empfängerkühe" eingepflanzt.

Aus der Sicht der Wissenschaftler

Und schließlich:
aus der Sicht des Bauern

Einst schwamm Joschi, der Agronom, wie viele seiner Kollegen im Milchsee mit dem Strom.

Doch der Milchsee stieg. Joschi klammerte sich weiterhin an die Milchmarktordnung.

Doch es wird für viele Bauern immer schwieriger nicht unterzugehen!

Und so mußte eine neue Agrarpolitik her!

Bereits erschienen ...

Bernhard Čarre
So ein Schweineleben

80 Seiten, 70 Abbildungen, broschiert
S 98,–

Eine heitere, philosophisch-ironische Betrachtung über das „Schweineleben" aus der Sicht des für uns so bedeutenden Haustieres. Eigenschaften, Verhalten und Lebensbedingungen, dargestellt in Form von Karikaturen mit verbindenden Texten. Ein Büchlein, so richtig zum Schmunzeln, das aber auch nachdenklich zu stimmen vermag, in jedem Fall aber Unterhaltung für Menschen mit Humor.

HUGO H. HITSCHMANN-VERLAG, WIEN